Couverture inférieure manquante

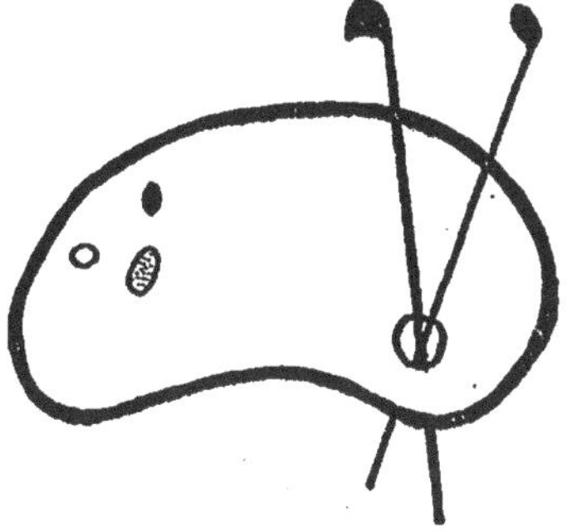

DEBUT D'UNE SERIE DE DOCUMENTS
EN COULEUR

APERÇUS

SUR

L'ÉGYPTE

PRIX : UN FRANC

PARIS

CHEZ TOUS LES LIBRAIRES

1873

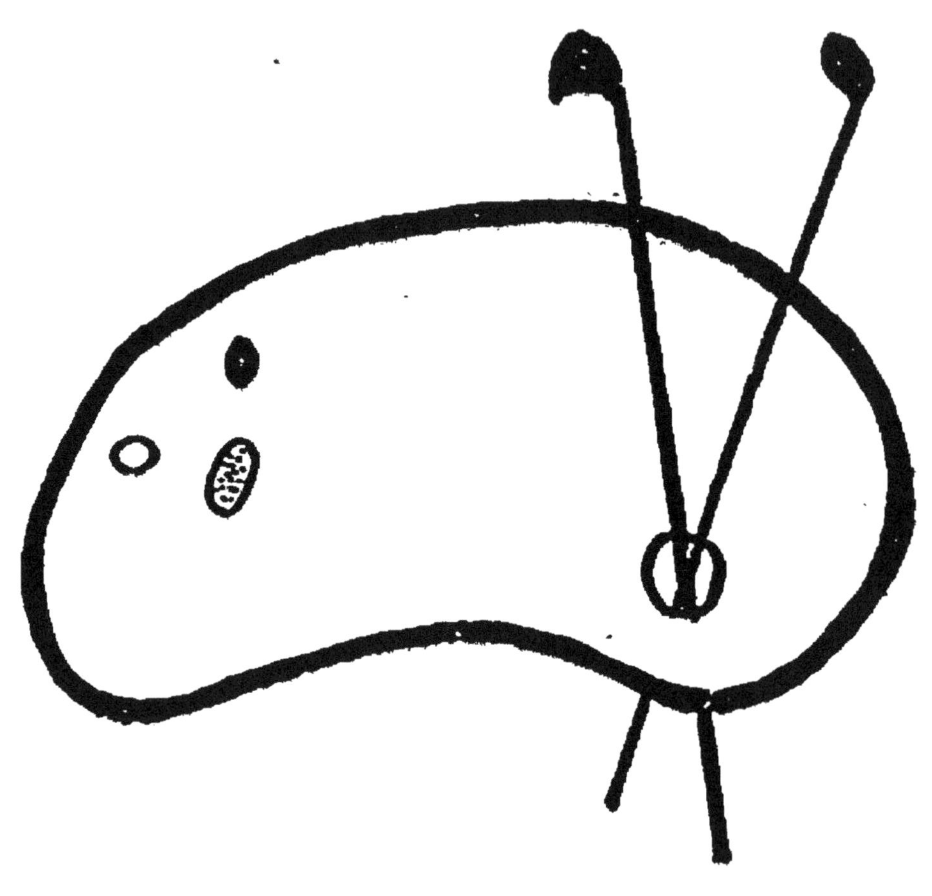

FIN D'UNE SERIE DE DOCUMENTS
EN COULEUR

APERÇUS SUR L'ÉGYPTE

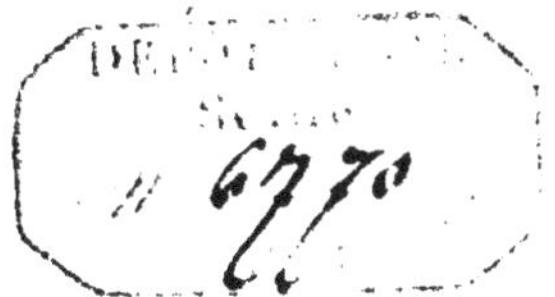

I

L'une des questions les plus intéressantes du moment, tant par son actualité qu'à cause de l'importance qu'elle doit avoir pour l'Europe, dans un avenir plus ou moins prochain, est, sans contredit, la question égyptienne.

Province faisant partie de l'empire ottoman, l'Egypte vit s'ouvrir pour elle une ère de rénovation lors de l'avènement au pouvoir du grand Méhémet-Ali, que l'on peut appeler, à bon droit, le fondateur de la dynastie égyptienne.

En se proposant de rechercher la vérité sur l'Egypte contemporaine, on ne peut donc le faire sans jeter un rapide coup d'œil sur le passé de ce pays.

Car, on ne doit jamais l'oublier, il en est des nations comme des individus : on ne saurait les juger équitablement si on négligeait de prendre note de leur point de départ, et de tenir compte des efforts tentés par eux, dans le cours de leur existence, pour acquérir une situation meilleure.

C'est toujours d'un fait ancien que résulte un fait nouveau. Une tentative quelconque, ayant le mieux pour objectif, ne saurait être stérile ; il en ressort inévitablement une amélioration plus ou moins sensible.

L'écrivain impartial doit donc tenir compte de toutes ces choses, lorsqu'il veut pouvoir formuler un jugement définitif soit sur l'individu, soit sur la nation dont il s'occupe.

Ce qui frappe l'imagination, ce qui nous étonne quand nous contemplons certains phénomènes de la nature, c'est de songer aux transformations multiples par lesquelles ils ont dû passer pour être devenus des choses admirables.

Ces considérations d'ordre primordial, applicables à tout ce qui vit, aux hommes comme aux nations, doivent plus particulièrement présider à une étude sur l'Egypte.

Durant longtemps l'Egypte, comme la plupart des provinces de l'empire ottoman, fut gouvernée par des pachas. Plus soucieux de leurs propres intérêts que de ceux du pays, les gouverneurs qui se succédèrent depuis 1517 — époque où l'Egypte fut soumise aux sultans ottomans — jusqu'en 1806, ne firent rien pour rendre à l'Egypte tout ou partie de son ancienne splendeur.

Mais, à cette dernière date, se révéla un homme de génie, sous l'impulsion duquel tout prit une face nouvelle. Méhémet-Ali, cette grande figure des temps modernes, devina, avec son intelligence extraordinaire, qu'il y avait tout à espérer d'un pays aussi richement doué que l'était l'Egypte.

Nommé vice-roi d'une province appauvrie par l'abandon où on l'avait laissée depuis des siècles, il conçut le projet de la relever matériellement et moralement, et de la rendre la plus belle, la plus riche, la plus heureuse de celles composant l'empire ottoman.

A une intelligence supérieure, Méhémet-Ali joignait une volonté énergique. Il ne fallait rien moins que ces deux qualités pour conduire à bonne fin les projets qu'il caressait.

L'Egypte manquait de tout. Ses principales villes, Alexandrie, Suez, n'avaient pas même l'eau nécessaire aux besoins de leur population. Les travaux agricoles se faisaient dans des conditions déplorables; aussi les résultats obtenus restaient-ils inférieurs à ce qu'ils auraient pu être.

Il ne fallut pas longtemps à Méhémet-Ali pour se rendre compte de tout ce qu'il y avait à faire. Après avoir parcouru la province placée sous ses ordres, il arrêta le plan des réformes à introduire, et il se mit à l'œuvre immédiatement.

Par son ordre on creusa le canal de *Mahmoudieh* (entre Alexandrie et Rahmanieh), qui donna à Alexandrie l'eau dont elle avait le plus pressant besoin.

Désireux de tirer parti des richesses naturelles du sol égyptien, Méhémet-Ali établit, dans les principaux centres de la province, des forges, des fonderies, des filatures, des raffineries. Il fit d'Alexandrie l'entrepôt de toutes les denrées et de toutes les productions de l'Afrique centrale, de l'Arabie et de l'Inde.

Non content de créer diverses industries nouvelles destinées à augmenter la richesse du pays, en lui réservant une large place dans le commerce de l'Orient avec le continent, Méhémet-Ali voulut doter le pays d'institutions propres à développer l'intelligence du peuple égyptien, en lui ouvrant des horizons nouveaux.

A cet effet, il fonda plusieurs écoles spéciales (militaire, polytechnique, de médecine, etc.) ; il ouvrit des maisons d'école et envoya en Europe, et particulièrement en France, des jeunes gens chargés de s'instruire et de répandre, à leur retour, les connaissances utiles.

Est-il besoin d'ajouter que Méhémet-Ali aimait beaucoup la France? Chacun le sait.

L'œuvre de Méhémet-Ali fut continuée par les vice-rois qui lui succédèrent. Ibrahim-Pacha, Abbas-Pacha, Saïd-Pacha, apportèrent chacun, dans une mesure plus ou moins large, leur pierre à l'édifice élevé par le chef de leur famille; ils virent s'augmenter la fortune de l'Egypte, par l'extension donnée à la culture des terres et aux transactions commerciales.

Il appartenait à Ismaïl-Pacha, fils d'Ibrahim et petit-fils du grand Méhémet-Ali, de donner une plus grande impulsion aux travaux entrepris, et de conduire l'Egypte vers une époque de grandeur que nul jusques alors n'avait osé rêver.

C'est qu'aussi le Khédive n'est pas un homme ordinaire. Doué d'une intelligence supérieure, d'un esprit vraiment remarquable, Ismaïl-Pacha joint à ces qualités naturelles un très grand sens pratique. Examinant tout, se rendant compte de tout, rien ne se fait avant qu'il soit certain que ce sera pour le bonheur du pays.

La grandeur de l'Egypte ! tel est le but poursuivi de tout temps par le Khédive, dont le dévouement aux intérêts généraux n'a pas de limites.

Pour lui, le progrès, fils du temps, est de tous les pays. L'ancienne terre des Pharaons ne peut fermer les yeux à la lumière, elle doit entrer résolûment dans la voie de la civilisation et des conquêtes pacifiques ; ne fut-elle pas, dans l'antiquité, le berceau de la civilisation?

On dit, nous ne savons dans quel but, que le Khédive cherche à se soustraire à la suzeraineté du Sultan.

Il est permis de mettre en doute un tel projet. S. A. Ismaïl-Pacha est trop convaincu de la solidarité existant entre la Turquie et l'Egypte, pour avoir songé un seul instant à séparer les deux pays.

L'union fait la force, dit la sagesse des nations ; on peut appliquer ce proverbe à l'Egypte.

Après ce rapide récit du passé, nous allons voir comment l'Egypte a pu faire, financièrement parlant, pour être devenue ce qu'elle est, en moins de cinquante ans, et quel est l'avenir qui lui est réservé, si, confiante dans le patriotisme du Khédive, elle veut marcher sur ses traces, pour aller à la conquête de la civilisation et de la prospérité la plus éclatante.

II

Il serait oiseux de s'arrêter à certaines défectuosités de l'administration financière de l'Egypte. Nous avons signalé, au début de cette étude, dans quel état se trouvait cette province lorsque Méhemet-Ali en avait pris en mains le gouvernement.

Rien n'existait, tout était à créer.

Avant de s'occuper à établir une comptabilité comme on la comprend en Europe, il fallait songer aux besoins matériels du pays; c'est ce que l'on fit.

L'Europe peut s'étonner de ce que l'administration égyptienne n'a pas encore adopté les coutumes de l'Occident, mais elle aurait tort d'y attacher une trop grande importance : chaque chose venant à son heure, on peut supposer que l'Egypte réformera un jour sa comptabilité, s'il y a lieu.

Laissant de côté cela, nous devons, avant d'entrer dans le vif de la question, suivre, au point de vue financier, la marche de l'œuvre grandiose entreprise par Méhémet-Ali.

Pour réaliser le programme arrêté et dont nul Egyptien ne contestera la grandeur, pour redonner la vie à un peuple abâtardi depuis l'an 1127, il fallait quelque chose de plus que l'intelligence et la volonté. On ne crée rien de stable avec ces deux seuls éléments. Archimède l'a dit il y a des siècles : « Donnez-moi un point d'appui, et je soulèverai le monde. » Pour Méhémet-Ali le point d'appui d'Archimède s'appelait l'argent.

Méhémet-Ali ne trouvant pas, tout d'abord, les capitaux nécessaires pour exécuter ses projets, se mit à faire le commerce pour son compte.

Il fréta des navires et, les chargeant des produits égyptiens, il les envoya à Liverpool, pour y faire opérer la vente de leurs cargaisons.

L'une des marchandises, dont il retirait le plus d'argent, c'étaient les cotons.

Méhémet-Ali fut le promoteur de la culture du coton en Egypte. Le sol, le climat, tout favorisait cette culture. Une autre raison le fit persévérer dans cette tentative ; comme il ne pouvait encore exiger le paiement en argent des impôts, il les percevait en nature. Or, aucun produit égyptien ne se prêtait plus facilement que les cotons à cette perception. L'impôt, facile à établir, était aisément recouvrable. De plus, grâce au système pratiqué en Angleterre, Méhémet-Ali était assuré à l'avance du rendement monnayé que lui donneraient ses cotons, expédiés dans un pays où la vente était certaine.

Ce fut ainsi que l'homme éminent dont nous parlons, put, pendant de longues années, consacrer à son œuvre des sommes relativement considérables.

Avec le temps, les choses durent subir certaines modifications. Les premières améliorations obtenues en appelèrent de plus grandes. Aussi, au cours des immenses travaux, entrepris depuis vingt ans, dut-on avoir recours à des moyens nouveaux pour se procurer les capitaux nécessaires.

L'œuvre commencée donnait de trop belles espérances pour ne pas être continuée avec vigueur. Les résultats obtenus faisaient pressentir quels étaient ceux sur lesquels on pouvait compter. On emprunta, alors, engageant l'avenir, avec la certitude que l'avenir libérerait le passé.

L'Europe n'aurait pas agi autrement. Si le système suivi jusqu'ici par l'Egypte devait provoquer quelques critiques, elles toucheraient plutôt à la forme qu'au fond. Dans ce cas encore, on pourrait trouver surprenant que les Européens veuillent toujours ramener à leur niveau les peuples n'ayant pas leur degré de civilisation.

Il faut, en parlant de l'Egypte, tenir compte de ses mœurs, de ses usages, de ses préjugés, et, par dessus tout, il ne faut ne pas oublier que l'Orient a été administré de tout temps par un pouvoir absolu.

Naturellement, le temps civilisateur a modifié quelques-unes des idées égyptiennes ; le Khédive ne repousse pas l'idée, par exemple, d'une organisation financière se rapprochant de celles fonctionnant en Europe.

Déjà le gouvernement égyptien s'est rallié aux idées de l'Occident, en établissant des situations budgétaires. Ce qui était impossible sous Méhémet-Ali est devenu possible de nos jours ; ce résultat est dû à l'initiative personnelle du Khédive Ismaïl-Pacha.

A côté des dépenses, faites pour le bien de la chose publique, sont venues se grouper les recettes produites par les impôts divers et autres revenus publics.

Il était évident qu'après des semailles intelligemment faites, l'heure de la récolte devait venir.

C'est ainsi que le passé de l'Egypte se lie à son présent. Certains errements d'autrefois ont dû être suivis jusques ici, car, pour les modifier, il fallait attendre que l'Egypte fût en état de les abandonner. Agir autrement eût été dangereux.

Dans les pays en voie de transformation, rien ne doit être brusqué, toute innovation faite à contretemps peut causer des embarras, ou arrêter la marche rationnelle et progressive des améliorations.

On doit donc ménager les critiques aux États qui naissent; au lieu de les attaquer sans pitié ni merci, il vaut mieux leur prêter l'aide qui leur est nécessaire, surtout quand on peut constater les heureux résultats des faits accomplis.

Aujourd'hui, — grâce aux réformes introduites sous le règne actuel — on peut connaître, à peu près, la situation du Trésor égyptien.

On est tenu de dire à peu près, à cause de la dette flottante.

On comprend aisément que cette dette provenant du seul fait du service de la trésorerie, et ce dernier étant, on le sait bien, susceptible de fluctuations continuelles, on doive, pour se tenir dans la stricte vérité, ne pas être absolument affirmatif.

D'autre part, bien des revenus indiqués dans le budget subissent des différences d'un semestre à l'autre; il faut donc se borner à donner les chiffres les plus généralement admis comme étant seuls exacts, c'est-à-dire ceux des derniers exercices.

La dette du Trésor égyptien peut être dressée comme suit :

1° Emprunt émis en 1862 de ....Fr.	82.320.000	
Sur lequel il a été payé................	10.255.000	
	————	72.065.000
2° Emprunt émis en 1864 de..............	147.605.000	
Sur lequel il a été payé................	49.510.000	
	————	98.095.000
3° Emprunt émis en 1866 de	75.000.000	
Sur lequel il a été payé................	50.000.000	
	————	25.000.000
4° Emprunt émis en 1867 de	52.000.000	
Sur lequel il a été payé................	11.597.500	
	————	40.402.500
5° Emprunt des chemins de fer de.......	297.250.000	
Sur lequel on a payé	9.912.500	
	————	287.337.500
		————
Total de la dette.....Fr.		522.900.000
Reste à ajouter la dette flottante, sur laquelle on a bâti tant d'exagérations, et que nos renseignements nous permettent d'évaluer à.............		706.000.000
		————
L'Égypte doit donc environ....Fr.		1.228.900.000

Doit-on considérer cette dette comme étant au-dessus des ressources de l'Égypte et craindre de voir, à un moment donné, le service des intérêts suspendu et l'amortissement des obligations arrêté?

Ici encore, il n'y a pas la moindre crainte, la moindre défiance à avoir, car, les dépenses faites ne l'ayant été que pour subvenir à de nouvelles créations rémunératrices, nous devons tenir compte des revenus futurs qui, dès aujourd'hui, peuvent être estimés comme devant donner un excédant de 50 à 60 millions par an.

Après avoir indiqué quelles sont les sommes dues par l'État, voyons quelles sont les ressources dont il dispose, afin de savoir si nous devons conserver quelques craintes ou être complétement rassuré sur l'avenir.

Des chiffres recueillis, et dont il n'y a pas à douter, permettent d'établir les revenus de l'État comme suit :

Impôts fonciers.................Fr.	117.618.900
Impôt personnel indirect...........	25.250.000
Chemins de fer.....................	24.000.000
Douanes............................	11.812.500
Impôt sur le sel...................	5.040.000
Salines, pêcheries.................	3.500.000
Total.....Fr.	188.121.400

C'est donc d'une somme de cent quatre vingt-huit millions cent vingt-un mille quatre cents francs, que l'Egypte dispose pour faire face à ses charges.

Il est évident que les intérêts et l'amortissement de la dette sont loin d'absorber de tels revenus.

L'appréciation des charges annuelles, tout en étant approximative pour la partie afférente à la dette flottante, peut se traduire par la somme totale de quatre-vingt-quinze à quatre-vingt-dix-huit millions. Ce serait donc un excédant de plus de 90 millions que le Trésor a à sa disposition, dès maintenant, pour l'appliquer aux différents services administratifs.

Avec les produits éventuels, dont nous venons de parler tout à l'heure (60 millions), cet excédant s'élèverait à 150 millions de francs environ.

On peut se faire, par cet aperçu, une idée des immenses revenus de l'Egypte, et de la facilité avec laquelle elle amortira sa dette, une fois la période des avances d'argent terminée.

On a dit, plus haut, que le Khédive ne repoussait pas une organisation financière calquée sur celles de l'Europe, tout en tenant compte de l'esprit national. Ce fait est vrai.

L'idée de consolider la dette flottante, — au moins une partie, — est un premier pas fait vers une transformation plus complète des rouages financiers ayant fonctionné jusqu'à présent.

Nous répéterons encore une fois que des transformations trop rapides, trop brusques, sont, sinon nuisibles, tout au moins dangereuses et que, quand on touche au système financier d'un pays, il faut y apporter toutes les précautions possibles.

Ainsi, une partie des 800 millions empruntés récemment seront appliqués à la consolidation de la dette flottante ; une autre partie sera employée à des travaux d'irrigation et autres, réclamés par la propriété agricole ; aux travaux du Port-Vieux à Alexandrie, en un mot, à des choses utiles, à des travaux indisponsables au pays, et devant donner des revenus importants et certains.

Il est très-probable, quand le moment opportun sera venu, que S. A. le Khédive, poussée par la puissante initiative qu'elle apporte en toute chose, introduise en Egypte toutes les améliorations financières des Etats les plus avancés.

A en juger par le présent, l'avenir de l'Egypte, loin d'être sombre et de laisser entrevoir des craintes, nous apparaît entouré de toutes les conditions devant le consolider en le rendant prospère. Les agissements de Son Altesse, depuis son avénement, nous en sont les plus sûrs garants,

Chaque jour a apporté son contingent à l'œuvre ; chaque mois a vu une amélioration se produire; chaque année se sont affirmés les nouveaux gages donnés au pays et à la civilisation.

Il serait puéril, nous le savons, d'insister sur toutes ces choses, si, pour convaincre les plus incrédules, nous n'avions pas à mettre sous leurs yeux les preuves incontestables de la grande œuvre entreprise et accomplie par le Khédive.

Sans vouloir entrer dans des détails trop longs pour le cadre de cette étude, nous croyons devoir citer comme exemple les embellissements du Caire.

L'ancienne cité arabe peut rivaliser avec plus d'une grande ville d'Europe ; le gaz éclaire ses rues, l'eau, donnée en abondance, est dans les maisons. De larges boulevards bordés de trottoirs, aussi spacieux que ceux de Paris, ont remplacé des rues sans air et sans lumière. A côté du bien-être matériel, le Khédive a voulu donner place aux arts. C'est ainsi que l'on a bâti un Opéra italien, un théâtre où l'on joue le répertoire français, un Cirque et un Hippodrome.

L'instruction a eu sa large part dans les munificences du souverain. De nombreuses maisons d'école ont été ouvertes, et, en 1872, plus de 95,000 élèves fréquentaient les établissements scolaires. La souffrance, comme la misère, ont trouvé leur refuge dans les hôpitaux pourvus d'un bon service médical.

Alexandrie, la seconde ville d'Egypte, a été aussi l'objet de la sollicitude du Khédive ; le gaz et l'eau lui ont été donnés en abondance. Autrefois on ne pouvait sortir de la ville que monté sur un baudet, maintenant, grâce aux routes rayonnant autour de la ville, on peut, comme au Caire, promener en équipages dans tous les environs d'Alexandrie. On travaille activement au Port-Vieux ; les travaux qu'on y exécute coûteront près de soixante millions.

Après avoir brièvement résumé les améliorations matérielles dont jouit l'Egypte depuis l'avénement du Khédive, nous croyons devoir attirer l'attention publique sur la portée morale qu'elles doivent avoir, inévitablement, dans un temps prochain.

Placé au milieu de toutes ces merveilles qu'il ne soupçonnait pas, obligé de se faire à des habitudes nouvelles, l'Arabe est envahi, à son insu et malgré lui, par la bienfaisante civilisation. Son intelligence naturelle, restée trop longtemps engourdie, se réveille au contact de ce monde nouveau. L'Orient a toujours pour lui son ciel splendide, ses nuits étoilées, mais sa vie est changée. L'Arabe d'autrefois se transforme insensiblement; encore quelque temps et du passé il ne restera plus qu'un homme intelligent, policé, travailleur, gardant au fond du cœur le souvenir de ce qu'il fût.

Cette transformation, à laquelle aide beaucoup la diffusion des connaissances utiles, est l'un des plus puissants éléments dont dispose dès à présent l'Egypte pour introduire chez elle les réformes que le temps a rendues indispensables.

Avant que M. de Lesseps s'occupât du percement de l'Isthme de Suez, on procédait à la construction des premiers chemins de fer égyptiens. Depuis lors, le Canal a été ouvert à la navigation et on a déjà construit 1,800 kilomètres de chemins de fer dans un pays où, il y a vingt ans, les voies ferrées étaient totalement inconnues.

Aux lignes déjà terminées vient s'ajouter celle du Soudan, l'une des plus importantes à tous les points de vue. Ces divers chemins de fer, et en particulier celui du Soudan, mettant en communication directe la Haute-Egypte et la Méditerranée, développeront, dans des proportions considérables, le commerce d'un pays producteur, condamné jusqu'ici à restreindre ses exportations à cause de la difficulté et de la cherté des transports.

La ligne du Soudan, en plus des facilités nouvelles qu'il donnera au commerce des provinces supérieures de l'Egypte, facilitera l'assimilation de leurs populations avec celles de la Basse-Egypte ; la civilisation y gagnera en même temps que le pays.

Généralement on connait peu les ressources de la Haute-Egypte. C'est un pays producteur par excellence. A côté des blés, des fèves, du sucre, etc., qu'on y récolte en grandes quantités, les parties supérieures de cette province, et les pays limitrophes, fournissent les gommes, les écailles, les ivoires, l'encens, etc., etc. Ces divers produits constituent un commerce d'exportation fort important. Nul doute, nous le répétons, que lorsque la ligne du Soudan sera terminée, le commerce de la Haute-Egypte ne prenne une extension considérable.

Mentionnons aussi, comme moyen de transport, les services de bateaux à vapeur sur le Nil.

Nous avons la conviction de n'avoir rien exagéré dans le récit des choses faites depuis Méhémet-Ali et surtout pendant ces dix dernières années, tant en vue de l'intérêt moral de l'Egypte que pour faciliter le développement de sa prospérité.

Mais pour créer des routes, construire des chemins de fer, bâtir des villes nouvelles, creuser des ports, paver des rues, doter des villes de l'éclairage au gaz, leur donner de l'eau en abondance, faire de cités malsaines et tributaires du choléra des villes salubres et n'ayant plus à redouter le fléau dévastateur, défricher les terres incultes, faire des travaux d'irrigation pour rendre ces terres fertiles, ouvrir des maisons d'école, construire des hôpitaux, fonder des institutions scientifiques, élever des monuments aux arts, pour, en un mot, changer du blanc au noir la face d'un pays comme l'Egypte, il faut, nous l'avons dit, plus que la volonté intelligente et énergique d'un homme : il faut des capitaux considérables.

Ce sont ces capitaux que l'Egypte a dû demander à l'Europe; c'est à l'aide de ce concours, toujours accordé, que le Khédive a pu déjà réaliser une partie de son œuvre.

D'aucuns ont cru devoir blâmer les dépenses faites, sous prétexte quelles étaient trop considérables.

L'esprit de critique ne veut jamais, paraît-il, perdre ses droits. Il s'exerce en tout temps, à propos de tout et sur tous grands ou petits.

Nous ne sommes pas sans nous souvenir des amères critiques faites en d'autres temps à propos de travaux considérables ayant coûté des centaines de millions, exécutés au profit d'une ville. Et cependant, nous le reconnaissons aujourd'hui, les critiques avaient tort; le temps nous a permis de constater l'excellence de l'œuvre accomplie. Là où nous ne considérions que le moment présent, il fallait réfléchir qu'on avait travaillé pour et en vue de l'avenir.

Malheureusement l'humanité est ainsi faite que, neuf fois sur dix, elle préfère sacrifier l'avenir au présent. Et cependant l'avenir, ce mot magique, ne renferme-t-il pas toute notre existence? Pour les nations comme pour les individus, n'est-il pas le mobile de leurs efforts? C'est pour cet avenir inconnu et dans lequel chacun a foi, parce qu'il en espère une somme de bonheur supérieure à celle du présent, que nous travaillons tous; c'est à son profit que la science cherche à découvrir les secrets renfermés dans les entrailles de la terre, c'est pour l'avenir que tout se meut dans la création!

Eh bien! si nous reconnaissons toutes ces choses, nous ne pouvons refuser au chef d'un pays de faire pour son peuple ce que chaque homme fait pour son compte personnel : travailler pour l'avenir.

S. A. le Khédive, ayant conscience de ce que pouvait devenir l'Egypte, a travaillé en vue de son avenir.

A-t-il eu tort?

La comparaison du passé avec le présent va faire cesser toute incertitude à cet égard.

III

Il est universellement admis que la richesse future d'un pays peut se déduire, mathématiquement, du chiffre de ses exportations et de ses importations; c'est par la comparaison des résultats obtenus pendant certaines périodes que l'on peut se former une opinion à cet égard.

Si, en ce qui concerne l'Égypte, nous consultons les *Annales du commerce extérieur*, publiées par les soins du gouvernement français, ou les documents du même genre dressés par les soins de la Russie, en rapprochant les uns et les autres des registres des douanes égyptiennes, nous trouvons que, pour ce pays, l'exportation moyenne annuelle, pour la période de 1853 à 1862, a été le quart du total des exportations faites pendant celle de 1863 à 1872. Dans cette dernière période, les exportations se sont élevés à 300 millions par an.

Pendant les mêmes périodes, les importations ont simplement doublé.

Notons en passant que cette progression, vraiment remarquable, dans le chiffre des exportations, appartient entièrement à l'administration de S. A. Ismaïl-Pacha.

Ainsi donc, au point de vue de l'extension croissante de son commerce, l'Egypte a tenu tout ce que Méhémet-Ali et ses successeurs avaient espéré. Les résultats acquis sont de beaucoup supérieurs à ceux de plusieurs nations européennes, pourvues depuis longtemps de tous leurs moyens d'action.

Il y a quarante ans, on concevait des espérances pour l'avenir de l'Egypte; depuis le khédivat de S. A. Ismaïl-Pacha, ces espérances sont devenues des réalités palpables, évidentes.

En même temps que le commerce égyptien s'étendait de toutes parts, la population européenne suivait la progression des affaires. Loin de repousser les étrangers, le gouvernement éclairé du Khédive les accueillait, et il les accueillera toujours, avec la plus grande bienveillance. Son intelligence lui fait trop comprendre la valeur de l'élément européen, pour non-seulement accepter son concours, mais encore le lui faire rechercher, en tâchant de se l'attirer par tous les moyens, même en s'imposant des sacrifices.

C'est sous l'empire de cette idée que Son Altesse a cru devoir demander la réforme judiciaire égyptienne, afin de pouvoir, par l'unification des juridictions, sauvegarder les intérêts de tous. Cette réforme assurerait encore plus le développement des colonies européennes, car elle les empêcherait de tomber dans le chaos inévitable, auquel sont fatalement condamnées les populations nombreuses et venues de tous les points du globe, lorsqu'elles sont régies par autant de lois qu'il y a de nationalités représentées.

En ceci, comme en toutes choses, on retrouve la main puissante, la rectitude de jugement du Khédive.

La situation commerciale de l'Egypte, son développement constant, permettent de dire que la fortune publique a dû croître en proportion.

Or, dans toute nation, grande ou petite, où tout est fait en vue du bien-être général et au profit du pays, la situation financière gouvernementale doit être en bon état.

En serait-il autrement en Egypte?

Après avoir soigneusement comparé ce qu'était l'Egypte, il y a quarante ans, avec ce qu'elle est aujourd'hui, on peut affirmer que l'Egypte est dans une situation financière aussi bonne que beaucoup d'autres puissances du continent, sur lesquelles on n'a aucune crainte.

Il y a mieux : une différence existe entre plusieurs de celles-ci et l'Egypte, différence toute en faveur de ce dernier pays.

L'attention publique doit être sollicitée à propos d'un fait auquel on a peu porté d'attention jusqu'ici.

Lorsqu'un Etat d'Europe ou d'outre-mer émet un emprunt, c'est pour en consacrer le produit à combler un déficit. L'Egypte, au contraire, applique les capitaux qu'elle emprunte au développement de sa grandeur future.

Le premier, empruntant pour payer ses dettes, n'obtiendra pas un revenu annuel plus considérable, tout en augmentant son passif; l'Egypte, elle, emprunte avec la certitude qu'à un moment donné la somme empruntée sera décuplée par les produits obtenus. Tandis que l'un se ruine en empruntant à un intérêt très bas, l'Egypte s'enrichirait même en payant un intérêt très élevé, si toutefois elle y était obligée.

La conclusion de ce parallèle est que le plus prospère de ces deux Etats, celui dont l'avenir ne nous inspire aucune crainte, est, incontestablement, celui dont les emprunts, intelligemment utilisés, fertilisent le sol, donnent une impulsion nouvelle aux affaires industrielles et commerciales, lui préparant ainsi de plus grandes splendeurs.

On ne saurait trop le répéter : par les progrès qu'elle a réalisés depuis le grand Méhémet-Ali, depuis les grandes choses accomplies pendant ces dix dernières années, l'Egypte a conquis le droit de compter au rang des nations dont l'avenir est à l'abri de toute crainte.

Fort de ses revenus actuels, sachant dans quelles proportions ils doivent s'accroître, le gouvernement égyptien n'a pas à craindre un seul instant d'être embarrassé pour tenir ses engagements. Aucun Etat n'a jamais payé avec plus de régularité que ne l'a fait l'Egypte jusqu'à ce jour ; l'avenir ne modifiera en rien sa conduite passée.

S'il était besoin d'une nouvelle preuve affirmant la solidité du crédit de l'Egypte, nous la trouverions dans la cote authentique de la Bourse de Paris, et dans les cotes des Bourses étrangères. Tous les emprunts égyptiens sont cotés de beaucoup au-dessus de leur taux d'émission ; quelques-uns ne sont pas éloignés d'atteindre le pair.

Or, lorsqu'une valeur, un fonds d'Etat fait prime sur le taux d'émission ou est dans les environs du pair, on peut affirmer hardiment que le public a pleine et entière confiance dans ces titres-là, et que cette confiance est méritée. Disons à ce propos que l'Emprunt égyptien de 1866, à 455 fr., est à 457 fr. 50; que celui de 1868, émis à 75 fr., est à 86 1/4, et celui de 1870, émis à 396 fr. 25, est à 432 fr. 50.

Considérée par ses divers côtés, l'Egypte offre toutes les garanties aux capitaux qui lui sont confiés. Les recettes du Trésor sont supérieures à ses dépenses, ainsi qu'on l'a vu plus haut. Des augmentations de revenus se produisent toutes les années.

Pour augmenter les revenus, il se pourrait fort bien que le Khédive frappât de l'impôt du timbre les négociants européens, jusqu'à présent exemptés de ce tribut. Ce ne serait point un abus de pouvoir, car ce droit est inscrit dans les traités. Du reste, la critique serait sans prises contre l'application d'une mesure fiscale à laquelle sont soumis tous les peuples européens et une grande partie de ceux du nouveau monde.

En France, les produits du timbre égalent environ le tiers du revenu total. En Egypte, cet impôt appliqué aux Européens donnerait une recette d'environ cinquante à soixante millions par an.

Le Khédive s'est donc imposé des sacrifices en faveur de l'élément européen, ainsi qu'il a été dit déjà, et nul, parmi les Européens habitant l'Egypte, ne songerait à se plaindre si l'impôt du timbre, patente, etc., venait à leur être appliqué.

Ainsi, à quelque point de vue que l'on se place, il est constant que, sous la haute et puissante administration du Khédive, l'Egypte ne peut que grandir; matériellement et moralement elle doit suivre la route dans laquelle elle est engagée. Ayant à sa tête un souverain intelligent, scrupuleux, loyal, observateur, toujours au travail, — qualités qui sont l'apanage du Khédive — l'Égypte doit reconquérir son ancienne splendeur.

Il appartient à la dynastie, dont Ismaïl-Pacha vient de consolider le pouvoir, de réaliser, dans leur entier, les vues et les projets de Méhémet-Ali, c'est-à-dire ressusciter le passé de l'Egypte, et en faire, en Orient, le porte-drapeau de la civilisation moderne, comme elle l'avait été déjà sous les Pharaon.

Pour obtenir tout cela, l'Egypte n'a qu'à se laisser guider par le Khédive qui, lui, a compris que l'avenir de ce splendide pays était renfermé dans ces deux mots :

TRAVAIL, CIVILISATION.

Paris. — Imp. SCHILLER, rue du Faubourg-Montmartre. 10.

www.ingramcontent.com/pod-product-compliance
Ingram Content Group UK Ltd.
Pitfield, Milton Keynes, MK11 3LW, UK
UKHW012309240726
13966UKWH00004B/1741

9 782011 941930